»Eliot und Isabella – und die Tiere am Fluss« im Unterricht

INHALTSANGABE

u.1

Das Kinderbuch »Eliot und Isabella – und die Tiere am Fluss« von Ingo Siegner erzählt von den beiden tapferen Rattenkindern Eliot und Isabella, die aufregende Abenteuer entlang eines Flusses erleben.

Die Geschichte beginnt an einem Regentag. Eliot, der kleine Rattenjunge, sitzt in seinem gemütlichen Zuhause, dem Rathausturm, und möchte zu gerne eine heiße Schokolade trinken, aber es ist keine mehr im Haus. Er kauft im Schokoladengeschäft eine Schachtel Pralinen. Auf dem Nachhauseweg wird Eliot von einer riesigen Wasserwelle mitgerissen, da der Fluss über die Ufer getreten ist. Er treibt auf seiner Pralinenschachtel immer weiter, an seinem Zuhause vorbei und aus der Stadt hinaus, und als die Nacht hereinbricht, schläft er erschöpft ein. Am nächsten Morgen erwacht Eliot auf dem Land, wo er auf das Rattenmädchen Isabella trifft, das ihn mit zu sich nach Hause nimmt.

Eliot übernachtet bei Isabella und bleibt einige Tage bei ihrer Familie, die im Wurzelwerk einer alten Eiche wohnt. Er schickt seinen Eltern per »Hyper-Schall« durch Harry-Habicht eine Nachricht, dass es ihm gut geht. Schließlich macht er sich auf den Heimweg.

Auf seiner Rückreise begegnet Eliot der unglücklichen Waldmaus Oskar. Eine Bande von Ratten hat die Wintervorräte der Waldmäuse gestohlen. Eliot überlegt nicht lange und ruft Isabella zu Hilfe.

Zusammen mit weiteren Freunden machen sie sich auf den Weg, um die fiese Rattenbande zu finden.

Gemeinsam mit Klaus-Günter der Schlange und zwei Maulwürfen schmieden Eliot, Isabella und Oskar einen Plan, wie sie mit der Rattenbande fertigwerden. Sie wissen, dass sie Bocky Bockwurst, den Anführer der Bande, nicht im direkten Kampf besiegen können. Also denken sie sich eine List aus. Sie verkleiden Klaus-Günter als Flussungeheuer, um die Diebe zu erschrecken.

Die Freunde siegen und die Rattenbande nimmt Reißaus. Im Handumdrehen sind die gestohlenen Vorräte zurückgeholt.

»Eliot und Isabella – und die Tiere am Fluss« ist ein bezauberndes und lehrreiches Kinderbuch, das mit seiner spannenden Handlung, den sympathischen Protagonisten und den wunderschönen Illustrationen überzeugt. Es ist eine ideale Lektüre für Kinder im Vorschul- und Grundschulalter und eignet sich hervorragend zum Vorlesen sowie zum selbstständigen Lesen. Das Buch ist in der Reihe *super lesbar* erschienen. Super lesbare Bücher motivieren durch ein leicht aufnehmbares Schriftbild mit einer speziell entwickelten Schrift und unverwechselbaren Buchstaben. Opakes, mattes Papier, das nicht durch Spiegelung vom Lesen ablenkt, unterstützt zusätzlich beim Lesen.

LITERARISCHES PROFIL

u.2

Der Text

Die Erzählung beginnt mit einer kurzen Einleitung, in der erzählt wird, wo und wie Eliot, die Hauptfigur, lebt. Nach dieser Einleitung beginnt der eigentliche Plot. Die Geschichte wird meist aus der Sicht eines neutralen Erzählers in der dritten Person erzählt, der

einen guten Überblick über die Geschehnisse und die Gedanken der Protagonisten hat. Diese Perspektive ermöglicht es, die Abenteuer von Eliot und Isabella umfassend darzustellen und die Emotionen der Figuren zu vermitteln. Der auktoriale Erzähler erzählt in einem zeitlichen Nacheinander und im Präsens.

Die Erzählung weist fabelhafte Züge auf. Alle Hauptakteure sind Tiere. Sie haben charakteristisch menschliche Züge und sind so konzipiert, dass sie denken, sprechen und handeln können. Sie können über eine Situation reflektieren und verfügen über eine Erkenntnisfähigkeit, die ihnen dazu verhilft, menschlich zu handeln.

Auch im Aufbau folgt die Erzählung der Fabel. Es gibt eine Ausgangssituation (Eliot wird von einer Wasserwelle mitgerissen, er gelangt an einen fremden Ort und macht sich auf die abenteuerliche Rückreise), es entsteht eine »Konfliktsituation« (die Waldmaus ist in Not, weil ihre Wintervorräte gestohlen wurden), und am Ende wird die Situation gelöst (die Vorräte werden wiedergefunden und die Diebe überlistet).

Die Erzählung arbeitet mit mehreren Spannungsbögen: Der wichtigste ist, wie und ob es die Freunde schaffen, das Hab und Gut der Waldmaus zurückzuholen. Der Spannungshöhepunkt ist dabei, dass die Rattenbande vor dem Schlangen-Ungeheuer flieht. Kleinere Spannungsbögen entstehen beim Umblättern der Seiten und der Neugier, welchen Plan sich die Freunde wohl ausgedacht haben.

Figuren und Figurenkonstellation

Die Figurenkonstellation in »Eliot und Isabella – und die Tiere am Fluss« zeigt ein vielfältiges Netzwerk aus Beziehungen und Interaktionen, die die Themen Freundschaft, Hilfsbereitschaft und Gemeinschaft betonen. Jede Figur bringt ihre Eigenschaften und Fähigkeiten in die Geschichte ein, was die Erzählung reich und dynamisch macht. Eliot und Isabella stehen im Zentrum dieses Netzwerks und verkörpern durch ihre Abenteuer die Werte, die Ingo Siegner in seinem Buch vermitteln möchte. Eliot ist ein Rattenjunge aus der Stadt und die Hauptfigur der Erzählung. Er lebt im Rathausturm, liebt Bücher und schreibt Gedichte. Eliot ist eher etwas ängstlich, aber wenn es darauf ankommt, hat er gute Ideen. Isabella lebt auf dem Land. Sie wohnt mit ihren Eltern im Wurzelwald am großen Fluss. Das Rattenmädchen ist mutig und draufgängerisch und liebt es, Eliot etwas zu ärgern. Die Identifikationsmöglichkeiten mit Eliot und Isabella sind vielfältig. Durch ihre mutigen, neugierigen, klugen und einfühlsamen Charakterzüge bieten Eliot und Isabella Kindern zahlreiche Anknüpfungspunkte, um sich in den Figuren wiederzufinden.

Neben den beiden Protagonisten spielen noch die Waldmaus Oskar, die Schlange Klaus-Günter, zwei Maulwürfe und der Anführer der Rattenbande, Bocky Bockwurst, eine Rolle. Oskar ist eine eher ängstliche Waldmaus, die Klaus-Günter die Schlange zum Freund hat. Klaus-Günter hält sich für eine Maus, denn er wurde als kleine Schlange von Mäusen adoptiert und großgezogen.

Sprachlicher Stil

Ingo Siegner schreibt in einem kindgerechten Stil, der humorvoll und einfühlsam ist. Seine Sprache ist einfach und klar, was das Buch ideal zum Vorlesen und für Erstleser:innen macht. Die Sätze sind kurz und prägnant, das erleichtert das Verständnis und macht das Leseerlebnis flüssig.

Die Sprache ist lebendig und bildhaft, wodurch die Abenteuer von Eliot und Isabella für die jungen Leser:innen greifbar werden.

Der Humor ist ein zentrales Element im sprachlichen Stil des Buchs. Siegner integriert humorvolle Dialoge und Situationen, die Kinder zum Lachen bringen und die Geschichte auflockern. Der charmante Umgangston zwischen den Figuren trägt ebenfalls zur angenehmen Atmosphäre des Buchs bei.

Das Buch enthält viele Dialoge, die die Handlung vorantreiben und die Charaktere lebendig wirken lassen. Die Dialoge sind kindgerecht und spiegeln die unterschiedlichen Persönlichkeiten der Figuren wider. Kinder können sich durch die wörtliche Rede besser in die Figuren hineinversetzen und ihre Emotionen nachempfinden. Um die Lesbarkeit der Gespräche zu erleichtern, sind die Redeanteile versetzt gedruckt.

Siegner nutzt einfache Metaphern und Vergleiche, die die Fantasie der Kinder anregen und ihnen helfen, sich die Szenen besser vorzustellen. Diese sprachlichen Mittel sind stets altersgerecht und leicht verständlich.

Wiederholungen werden gezielt eingesetzt, um wichtige Punkte zu betonen und den Kindern beim Erinnern und Verstehen der Handlung zu helfen.

Die Wortwahl ist auf die Zielgruppe abgestimmt, mit einfachen und verständlichen Begriffen. Fachbegriffe oder komplexe Wörter werden vermieden. Lautmalerische Wörter und Geräusche sind in die Erzählung eingebunden, um bestimmte Szenen spannender zu gestalten. Dies fördert die Vorstellungskraft und macht das Lesen zu einem multisensorischen Erlebnis.

Ingo Siegner nutzt verschiedene literarische Textsorten, um die Geschichte vielfältiger zu gestalten. Diese Intertextualität zeigt sich unter anderem in der Einbindung von Gedichten, einem Brief, einem Lied und einem Rap. Die Texte tragen sowohl zur Unterhaltung als auch zur Vertiefung der Handlung und der Charaktere bei. Der Autor integriert kurze, kindgerechte Gedichte in seine Erzählung, die oft die Stimmung einer Szene einfangen oder die Gedanken und Gefühle der Protagonisten ausdrücken. Diese Gedichte sind einfach gehalten, mit eingängigen Reimen und rhythmischer Sprache, die Kinder leicht erfassen können.

Auch Lieder, insbesondere der Rap, spielen eine wichtige Rolle. Raps bringen eine moderne und rhythmische Komponente in die Geschichte. Die Einbindung von Gedichten, einem Lied und einem Rap bereichert die Geschichte auf mehreren Ebenen:

Sie dienen
- der Unterhaltung: Die rhythmischen und melodischen Elemente machen das Lesen unterhaltsam und abwechslungsreich.
- der Sprachförderung: Kinder werden durch Reime und Rhythmus spielerisch an Sprache herangeführt und lernen, die Schönheit und Vielfalt von Wörtern und Klängen zu schätzen.
- der Emotionalität: Die Gedichte und Lieder transportieren Gefühle und Stimmungen, die den Leser:innen helfen, sich besser in die Figuren und ihre Abenteuer hineinzuversetzen.

Illustrationen

Die Bücher von Ingo Siegner sind bekannt für ihre liebevollen und detailreichen Illustrationen, die häufig vom Autor selbst stammen. Die farbenfrohen Bilder ergänzen die Erzählung perfekt und helfen den Kindern, in die Welt von Eliot und Isabella einzutauchen. Sie visualisieren die Abenteuer und unterstützen das Textverständnis, was besonders für jüngere Leser:innen hilfreich ist.

Alle Illustrationen veranschaulichen die Handlung und unterstützen den Inhalt des Textes; sie sind farbenfroh, kontrastreich und mit gut sichtbaren Konturen gezeichnet. Die Zeichnungen sind überwiegend in Primärfarben – Blau-, Grün- und Rottönen – gehalten.

DEUTUNGSPERSPEKTIVEN
u.3

»Eliot und Isabella – und die Tiere am Fluss« ist reich an Deutungsperspektiven, die weit über die Oberfläche der unterhaltsamen Geschichte hinausgehen. Das Buch vermittelt wichtige Werte und Lektionen, die für Kinder von großer Bedeutung sind. Durch die verschiedenen Ebenen der Erzählung werden Themen wie Freundschaft, Mut, Kreativität, Empathie und Selbstvertrauen auf ansprechende und kindgerechte Weise behandelt. Diese tiefere Bedeutung macht das Buch zu einer wertvollen Lektüre für Kinder und bietet zahlreiche Anknüpfungspunkte für Gespräche und Reflexionen.

Der Handlungsstrang der Erzählung ist für kindliche Rezipient:innen leicht nachzuvollziehen: Die Situation, dass Kinder gemeinsam mit anderen Kindern etwas erleben und entdecken wollen, ist bekannt. Hier ist es ein Rattenjunge, der auf Abenteuerreise geht.

Ebenso leicht für Kinder nachzuvollziehen ist, dass Menschen in Situationen geraten können, in denen sie auf Hilfe angewiesen sind. In der Geschichte ist es eine Selbstverständlichkeit, dass Eliot und seine Freunde die Waldmaus unterstützen und dass sie einander helfen.

Freundschaft und Zusammenhalt werden in der Geschichte ein wichtiges Thema und als Wertehaltung nach außen getragen. Zusammen scheinen unmögliche Dinge plötzlich lösbar. Die starke Bindung zwischen Eliot und Isabella zeigt, wie wichtig Freundschaft und Zusammenhalt sind, um Herausforderungen zu meistern.

Hier sind einige weitere Perspektiven aufgelistet, aus denen das Buch betrachtet werden kann:

1. Mut und Abenteuerlust
Die Abenteuer am Fluss symbolisieren den Mut, den es braucht, um sich ins Unbekannte zu wagen. Eliot

und Isabella stehen für die kindliche Neugier und den Drang, die Welt zu entdecken und neue Erfahrungen zu sammeln. Als Eliot die Not der Waldmaus erkennt, beschließt er, ihr zu helfen, trotz der potenziellen Gefahren. Diese Bereitschaft, Risiken einzugehen, illustriert den Mut und die Abenteuerlust, die Kinder inspirieren können.

2. Problemlösungsfähigkeiten und Kreativität

Eliot und Isabella zeigen, wie wichtig Kreativität und Problemlösungsfähigkeiten sind, um Herausforderungen zu meistern. Ihre Abenteuer lehren Kinder, dass es oft mehr als einen Weg gibt, ein Problem zu lösen, und dass kreative Ansätze wertvoll sind.

3. Empathie und Hilfsbereitschaft

Die Begegnungen mit anderen Tieren, die Hilfe benötigen, betonen die Werte Empathie und Hilfsbereitschaft. Eliot und Isabella sind stets bereit, anderen zu helfen, was zeigt, wie wichtig es ist, einfühlsam und hilfsbereit zu sein.

4. Identitätsfindung und Selbstvertrauen

Die Abenteuer am Fluss sind für Eliot und Isabella auch eine Reise zur Selbstfindung. Sie lernen ihre eigenen Stärken und Schwächen kennen und gewinnen Selbstvertrauen durch die Überwindung der Herausforderungen.

»Eliot und Isabella – und die Tiere am Fluss« hat einen hohen pädagogischen Wert. Es fördert nicht nur das Leseverständnis und die Sprachentwicklung, sondern auch soziale und emotionale Kompetenzen. Die Kinder lernen durch die Geschichte wichtige Werte wie Freundschaft, Mut, Empathie und Problemlösungsfähigkeiten. Die Geschichte inspiriert junge Leser:innen, neugierig zu sein, mutig neue Wege zu gehen und stets für ihre Freunde da zu sein.

 # Didaktische Überlegungen

DIDAKTISCHES PROFIL

Der Kinderroman bietet viele Anknüpfungspunkte an die Lebenswirklichkeit und die Vorerfahrungen der Kinder. Didaktisches Potenzial liegt in der Verknüpfung von vertrauten, assimilativen und eher neuen, akkommodativen Aspekten.* Die vertraute Dimension des Textes, wie etwa die kindgerechte Erzählweise und die Thematik, ermöglicht, dass die Kinder von sich aus einen Zugang zum Buch finden können und dass Anknüpfungsmöglichkeiten für eine eigene Deutung vorhanden sind (Assimilation).

* Vgl. Rank, Bernhard (2005): Leseförderung und literarisches Lernen. In: Lernchancen, 8. Jg., Heft 44, S. 4–9.

Dieser Aspekt bezieht sich auf das lesefördernde Potenzial. Neue, zusätzliche Anforderungen, die das Buch an ein Verstehen der Kinder stellt, betreffen eher den Bereich des literarischen bzw. kunsttheoretischen Lernens. Das Buch eignet sich im Sinne eines Vorlesebuchs für einen Einsatz im Anfangsunterricht. Als Ganzschrift ist das Buch durch die Textmenge und das Anspruchsniveau, je nach Leistungsniveau einer Klasse, für die Klassenstufen 1 und 2, aber auch für Klasse 3 angemessen.

Im Überblick lässt sich das didaktische Profil folgendermaßen skizzieren:

Dimension des Textes	Das Vertraute: Möglichkeit zur Assimilation (Leseförderung)	Das Neue: Notwendigkeit zur Akkommodation (literarisches Lernen)
Wirklichkeits-bezug	▶ Fantastische Elemente ▶ Textgattung: Tiergeschichte	▶ Irritierende Elemente: Tiere sprechen und sind Teil der Handlung
Thematik	▶ Freundschaft und Zusammenhalt ▶ Eine Reise machen	▶ Konfliktlösungen suchen und finden ▶ Eigene Wege gehen
Figuren	▶ Identifikation mit der Hauptfigur ▶ Sympathie für die Hauptfigur ▶ Antipathie für die Hauptfigur	▶ Tugendhaftes Verhalten der Tiere
Sprache/Stil	▶ Einfacher Satzbau ▶ Dialoge	▶ Poetische Sprache (z.B. räuspern, durchnässt) ▶ Aphorismen und Metaphern (Zirpen und Getöse, es knackt im Unterholz) ▶ Integration von Gedichten und Liedern
Bildebene/ Layout	▶ Einfachheit der Bilder ▶ Klarheit und farbliche Gestaltung der Figuren	▶ Überzeichnung ▶ Details der Bilder
Literarische Formelemente/ Erzählkonzept	▶ Auktorialer Erzähler ▶ Lineares Erzählen ▶ Episodische Struktur	▶ Spannungsbogen ▶ Leerstellen

SPRACHLICHE ASPEKTE UND IDEEN FÜR DEN UNTERRICHT

Die Erzählung eignet sich gut für den Einsatz im Sprachunterricht, da der Text zahlreiche sprachliche Phänomene enthält, die mit dem Buch bearbeitet werden können:

Wortschatzarbeit

Sich einen Wortschatz anzueignen heißt, Wörter in ihren vielen Facetten (z. B. Schreibung, Lautung) wahrzunehmen, zu verstehen, zu memorieren und anzuwenden. Die Welt der Wörter und ihrer Beziehungen eröffnet Schüler:innen Erkenntnisse und Einsichten zu einem Thema. Wortschatzarbeit kann dies in entscheidender Weise unterstützen. Neben der Bedeutung der neuen Wörter, die mit dem Wörterlexikon memoriert werden können, ist auch die Schreibung der Wörter wichtig. Diese Wörter können auf unterschiedlichste Art eingeübt und wiederholt werden. Die Wortkärtchen können ausgeschnitten und

- abgeschrieben und diktiert werden.
- als Lauf-, Hüpf-, Partner- oder Dosendiktat geschrieben werden.
- genutzt werden, um die Wörter im Text aufzufinden.
- nach dem Abc und nach Wortarten sortiert werden.
- zum Pantomimespielen genutzt werden.
- genutzt werden, um die Pluralbildung und die Konjugation der Verben zu üben.

Es können darüber hinaus Oberbegriffe gesammelt und Cluster erstellt werden. Dafür bieten sich z. B. die Themen Tiere, Abenteuer, Freundschaft und Gefühle an.

Außerdem bedient das Buch zwei große Wortfelder. In den Texten kommen zahlreiche Wörter zum Wortfeld »Gefühle äußern« und »sagen« vor, so z. B. räuspern, rot werden, erwidern etc. Die Wortschatzarbeit mit diesen Wortfeldern ergibt ein großes sprachdidaktisches Potenzial.

Besondere Rechtschreibphänomene

In den Texten lassen sich einige Komposita finden. Dazu können den Schüler:innen einige Übungen angeboten, Komposita im Text gefunden, aufgeschlüsselt und auf ihre Bedeutung hin untersucht werden.

Grammatik im Text

Der Autor verwendet viele Adjektive, die im Text aufgespürt werden können. Hier kann der funktionale Aspekt von Adjektiven thematisiert und den Schüler:innen verdeutlicht werden, welche Aufgabe Adjektive im Text haben. Zudem verwendet der Autor die wörtliche Rede. Die Kinder können den Text in Figurenrede und Erzähltext unterteilen und das szenische Lesen üben.

Schreibanlässe

Produktive Schreibanlässe ermöglichen eigene, kreative Zugänge. Diese können bereits während des ersten Lesens verortet werden. Ein Innehalten auf der ersten Seite könnte zum Beispiel zu kleinen Texten mit der Frage »Was denkst du: Was passiert, als Eliot die Tür öffnet und mit der Pralinenschachtel auf die Straße tritt?« führen. Darüber hinaus bieten Schreibanlässe mit Perspektivwechsel die Möglichkeit, vorhandene Textstrukturen mit dem eigenen Textverständnis zu verbinden. Neben typischen, lektürebezogenen Schreibaufgaben bieten Ganzschriften auch die Möglichkeit, Textsortenarbeit sowie Bausteine des Aufsatzunterrichts anzubinden. So können

- Beschreibungen zu Bildern aus dem Buch erstellt werden, aber auch zu Räumen, Personen und Gegenständen der Lektüre, die gerade keine ausführliche Beschreibung durch den Autor erhalten oder die gerade nicht schon in den Bildern dargestellt sind.
- Parallelgeschichten geschrieben werden: Stell dir vor, du erlebst das Gleiche wie Eliot in der realen Welt!
- Textsorten wie Bericht, Tierbeschreibung, Tiersteckbrief und Zusammenfassungen erstellt werden.
- Textbeobachtungen mit Übungen zur wörtlichen Rede und Redeverben mit den Kindern erarbeitet werden.
- Wortnetze zur weiteren Verwendung in Schreibaufgaben erstellt werden.

METHODENKISTE DEUTSCHUNTERRICHT · (d.3)

Der Einsatz der Erzählung im Grundschulunterricht knüpft im günstigsten Fall an die Vorerfahrungen der Kinder mit Geschichten und Büchern im Kindergarten und in der Familie an und führt diese differenziert weiter.

Im Folgenden sind Vorschläge für mögliche Arbeitsweisen mit »Eliot und Isabella – und die Tiere am Fluss« im Deutschunterricht aufgeführt. Im Vordergrund steht dabei die Verknüpfung mit anzustrebenden Kompetenzen, wie sie in den von der Kultusministerkonferenz (KMK) verabschiedeten »Bildungsstandards für das Fach Deutsch für den Primarbereich« aufgeführt sind, die die verbindliche Grundlage für alle in den Ländern zu entwickelnden Lehr- und Bildungspläne in der Grundschule darstellen.

In der rechten Spalte geben wir jeweils mögliche Beispiele für eine konkrete Umsetzung im Unterricht. Hier finden sich auch Verweise zu den Kopiervorlagen und Infoblättern in diesem Heft. Zahlreiche methodische Möglichkeiten sprechen mehrere Bildungsstandards an. Wir haben uns zum Zwecke der Übersichtlichkeit jeweils für einen Bildungsstandard des Bereiches 3.3 (»Lesen – mit Texten und Medien umgehen«) entschieden. Häufig lassen sich auch sinnvolle Bezüge zu den Bildungsstandards der anderen Bereiche herstellen.

Bildungsstandards	Methoden	Beispiele
→ Über Lesefähigkeit verfügen		
• Lebendige Vorstellungen beim Lesen und Hören literarischer Texte entwickeln	• Das Buch sinngestaltend vorlesen	• Nur den Text vorlesen und Bilder zum Inhalt malen lassen; im Anschluss mit dem Original vergleichen
• Texte sinnverstehend und flüssig lesen	• Im Anschluss an das Lesen den Inhalt mit eigenen Worten nacherzählen	• Im Gesprächskreis das Buch anhand von Bildern mündlich nacherzählen lassen oder die Bildkarten nutzen
	• Texte leise für sich lesen	• Abschnitte allein oder im Lesetandem erlesen lassen
• Selbst gewählte Texte zum Vorlesen vorbereiten und sinngestaltend vorlesen	• Textabschnitte/Textstellen vorlesen	• Die Lieblingsstelle vorlesen • Die Stelle, die man nicht verstanden hat • Die Stelle, die man am wenigsten gut findet
→ Über Leseerfahrungen verfügen		
• Kinderliteratur kennen: Werke, Autoren und Autorinnen, Figuren, Handlungen	• Fachbegriffe einführen und anwenden, z.B. Titel, Autor/Autorin, Illustrator/Illustratorin, Verlag, Cover, Zeile, Seite, Text	• Fachbegriffe anhand des Buchs besprechen und anwenden → k.1
	• Weitere Bücher der Reihe kennenlernen	• Weitere Bände der Reihe lesen
	• Vergleichendes Lesen	• Andere Tiergeschichten lesen
	• Die Biografie von Ingo Siegner kennenlernen	• Im Internet über den Autor recherchieren • Das Interview lesen → i.2
→ Texte erschließen		
• Verfahren zur ersten Orientierung über einen Text nutzen	• Titel, Titelbild und Umschlagtext untersuchen	• Titelbild ansehen und Vermutungen zum Titel äußern
	• Antizipationen zum Text äußern	• Zu Titel und Titelbild eigene Geschichten schreiben (anschließend Vergleich mit tatsächlichem Handlungsverlauf)
	• Das Buch lesen	• Erste Leseeindrücke sammeln; ein literarisches Unterrichtsgespräch anschließen
	• Bilder des Buchs herausgreifen und beschreiben	• Seite 12, 17 und 54 • Bilderrätsel erfinden → k.10
	• Erzählerrede und Figurenrede identifizieren	• Mit verschiedenen Farben markieren

Bildungsstandards	Methoden	Beispiele
• Gezielt einzelne Informationen suchen	• Fragen zum Text beantworten	• Quiz lösen, Suchsel → k.1
	• Den Textinhalt rekonstruieren	• Einen Lückentext ergänzen → k.3, k.5 • Satzstreifen ordnen → k.8 • Bildkarten ordnen
	• Figuren herausarbeiten	• Charakterzüge sowie Eigenschaften und Merkmale der einzelnen Figuren beschreiben → k.4
	• Gedanken und Gefühle der Hauptfiguren herausarbeiten	• Mimik und Gestik der Figuren anhand der Bilder untersuchen und vergleichen • Gefühle der Figuren untersuchen → k.4
• Texte genau lesen	• Einen veränderten Text vorgeben und mit dem Original vergleichen	• Textstellen überprüfen → k.7, k.8
	• Textabschnitte mündlich zusammenfassen und wiedergeben	• Bei relevanten Stellen der Lektüre, um das Verständnis zu sichern
• Texte mit eigenen Worten wiedergeben	• Den Inhalt des Buchs mit eigenen Worten wiedergeben	• Nacherzählen nach Bildern, mit Moderationskarten, Stichwörtern oder Sätzen

	• Das Buch in Abschnitte gliedern	• Mögliche Gliederung:
		  – Erster Teil: Eliot und Isabella
		  – Zweiter Teil: Rückreise
		  – Dritter und letzter Teil: Die Waldmaus in Not / Hilfe und Überlistung der Bande

	• Überschriften zu den Abschnitten finden	• Mögliche Überschriften sammeln
• Aussagen mit Textstellen belegen	• Aussagen zu einer Fragestellung suchen und Fundstellen angeben	• Ein Kind beschreibt eine Figur oder eine Szene, die anderen müssen sie finden/erraten → k.10
• Eigene Gedanken zu Texten entwickeln	• Den Text ohne Bilder vorlesen / dem Text ohne Bilder begegnen	• Die Geschichte ohne Bilder vorlesen • Sich eigene Bilder zum Text ausdenken und zeichnen
	• Leerstellen des Textes ausfüllen	• S. 9: Was erlebt Eliot bis zur Nacht auf seinem »Floß«? → k.3
	• Einen Brief an eine der Figuren verfassen, um eine Meinung zum Ausdruck zu bringen	• Einen Brief an Bocky Bockwurst aus Sicht der Waldmaus schreiben
	• Titelbild als Schreibanlass nutzen	• Verfassen einer eigenen Abenteuergeschichte/Tiergeschichte
	• Ein thematisches Gespräch zum Buch führen	• Was bedeutet für dich Freundschaft? • Wie wichtig ist Zusammenhalt? • Wie wichtig ist es, füreinander da zu sein?
	• Erweiterung des Buchinhaltes durch einen veränderten Schluss	• Eliot und Isabella erleben weitere Abenteuer. • Die Freunde können die Bande nicht überlisten. Was passiert dann?
• Bei der Beschäftigung mit literarischen Texten Sensibilität und Verständnis für Gedanken und Gefühle sowie zwischenmenschliche Beziehungen zeigen	• Handlungen, Verhaltensweisen und Verhaltensmotive der Figuren bewerten	• Warum kehrt Eliot nicht auf dem direkten Weg nach Hause zurück?
• Handelnd mit Texten umgehen, z.B. illustrieren, inszenieren, umgestalten, collagieren	• Eine Textstelle im Rollenspiel darstellen	• Das ganze Buch oder einzelne Abschnitte → k.11, k.12
	• Ein Bild oder eine Szene malen oder nachmalen	• Arbeitsteilig: Jedes Kind übernimmt eine Szene des Buchs
	• Die Geschichte umschreiben	• Alternative Fortsetzung ab S. 9
	• Standbilder prägender Szenen darstellen und erraten lassen	• Bocky Bockwurst trifft auf das Ungeheuer • Eliot trifft auf Isabella • Eliot begegnet der Waldmaus → k.11, k.12
	• Kreative Schreibideen anbieten	• Akrostichon zum Thema Freundschaft → k.9 • Elfchen/Haiku zum Thema Zusammenhalt • Steckbrief der Hauptfiguren • Figurenbeschreibungen

Bildungsstandards	Methoden	Beispiele
	• Die Geschichte aus einer anderen Perspektive erzählen	• Bocky Bockwurst erzählt die Geschichte
	• Das Buch als Stabpuppentheater gestalten	• Mithilfe von Stabpuppen die Geschichte nachspielen
	• Ein Parallel-Buch erstellen	• Aus dem gleichen Text ein eigenes Bilderbuch mit eigenen Bildern erstellen • Mit einem anderen Text ein ähnliches Buch erstellen

→ Texte präsentieren

Bildungsstandards	Methoden	Beispiele
• Selbst gewählte Texte zum Vorlesen vorbereiten und sinngestaltend vorlesen	• Eine Lieblingstextstelle auswählen und begründen	• Diese Textstelle gefällt mir besonders gut, weil ... → k.10 • Diese Textstelle finde ich besonders traurig, weil ... → k.10
	• Einen gestaltenden Lesevortrag vorbereiten und üben	• Die Geschichte als Theaterstück aufführen
	• Die Geschichte als Theaterstück aufführen	• Mit Standbildern beginnen • Einzelne Szenen auswählen • Aufführung als Abschluss der Unterrichtseinheit bzw. des Projekts
• Die eigene Leseerfahrung einschätzen und beschreiben	• Die eigenen Lesefähigkeiten sichtbar machen	• Leseportfolio anlegen • Reflexionsbogen nutzen • Eine Lesekiste mit weiteren Eliot-und-Isabella-Büchern zusammenstellen

VORSCHLÄGE FÜR EINE UNTERRICHTSEINHEIT IN DER GRUNDSCHULE

Erste Begegnung mit dem Bilderbuch

Über die Bilder
Zum Einstieg in die Arbeit mit dem Bilderbuch kann das Titelbild oder eine andere Illustration aus dem Buch in die Mitte des Stuhlkreises gelegt werden. Die Schüler:innen äußern sich spontan dazu und antizipieren den möglichen Verlauf der Handlung. Je nach Lesefähigkeit der Kinder kann der gesamte Text anschließend vorgelesen oder das Buch gemeinsam erlesen werden. Hierfür wäre es wünschenswert, mehrere Exemplare für die Schüler:innen zur Verfügung zu haben.

Über die Hauptfiguren
Um die Kinder auf die Geschichte einzustimmen, kann man auch die Hauptfiguren als Farbkopien in die Kreismitte legen und die Kinder frei assoziieren lassen.

Pralinenschachtel im Wasser
Vorstellbar wäre auch, dass die Lehrkraft in die Geschichte einführt, indem sie eine leere Pralinenschachtel in eine Schüssel, die mit Wasser gefüllt ist, legt und die Szene aus dem Buch nachspielt.

Vorlesen
Das Buch eignet sich aufgrund der detailreichen und großflächigen Bilder hervorragend dazu, vorgelesen zu werden und den Schüler:innen nur die Bilder zu zeigen. Hilfreich ist es, die Bilder schrittweise aufzudecken und nach Bedarf zu reduzieren. Mithilfe einer »Lupe« (z.B. aus Pappe) oder vergrößerter Bildausschnitte können Details auf den Bildern hervorgehoben werden.

Antizipation
Die Erschließung des Inhaltes kann auch zunächst ausschließlich über die Betrachtung einzelner Bilder im Buch erfolgen. Die Schüler:innen können frei assoziieren, was hier wohl für eine Geschichte erzählt wird. Mehr noch als Fragen geben Impulse den Kindern Möglichkeiten zur freien Äußerung, da sie sehr unspezifisch sind und ihnen wegen der fehlenden direkten Anrede noch mehr Freiraum lassen. Solche Impulse können Bemerkungen zum Bild sein (z.B. »Wie geht es weiter? Was könnte passiert sein?«) oder »spontane« Gefühlsäußerungen, Ausrufe oder Aufforderungen (z.B. »Oh je!«, »Guckt mal!«, »Toll!«).

Man kann auch bewusste Pausen setzen und an bestimmten Stellen gemeinsam überlegen, wie die Geschichte weitergeht.

Zum Abschluss wäre es sinnvoll, die Geschichte vorzulesen, damit die Schüler:innen ihre Version mit dem Original vergleichen können.

Rezeption und Erarbeitung des Bilderbuchs

Die richtige Reihenfolge finden
Die prägnantesten Bilder werden kopiert und von den Kindern in die richtige Reihenfolge gelegt. Dann wird die Geschichte nacherzählt.

Lapbook
Eine attraktive Alternative zum herkömmlichen Lesetagebuch ist die Erstellung eines Lapbooks. Ein Lapbook ist eine kleine oder größere Mappe, die sich mehrfach aufklappen lässt und in die kleine Faltbüchlein (Leporellos, Stufenbücher, Kreisbücher usw.), Taschen, Klappkarten, Pop-ups, Umschläge mit Kärtchen usw. eingeklebt sind, sodass sie immer wieder neue Überraschungen bietet. Es ist eine hochmotivierende Präsentationsform für individuelle Lernergebnisse, die anhand von Lernangeboten gesammelt werden.

Kunst und Basteln
Das Buch bietet zahlreiche Anregungen zur ästhetischen Gestaltung. So können die Kinder
• Tiere mit Faltpapier falten,
• die Rattenwohnung im Rathausturm oder/und
• die Wohnung in der Baumwurzel oder/und
• die Protagonisten im Bilderrahmen zeichnen,
• ein Boot oder
• einen Drachen basteln und gestalten.

In der »Methodenkiste« finden sich zahlreiche weitere Ideen, Vorschläge und Aktivitäten rund um das Buch.

Kopiervorlagen
Auch die Kopiervorlagen bieten eine Auswahl an Aufgaben zur Vertiefung auf verschiedenen Ebenen und Schwierigkeitsstufen.

Auf den Kopiervorlagen werden folgende Symbole zur Verdeutlichung der Aufgabenstellung verwendet:

 lesen   malen

 suchen   ausschneiden

 schreiben   erzählen

Profiaufgaben sind mit einem Stern * markiert.

Die Kopiervorlagen können entweder im Klassenverband gemeinsam in Einzel-, Partner- oder Gruppenarbeit bearbeitet oder im Rahmen einer Lerntheke angeboten werden. Die Schüler:innen legen dann selbst die Reihenfolge fest, in der sie die Aufgaben bearbeiten wollen, und tragen in einen Arbeitsplan oder in einen Laufzettel ein, welche Aufgaben sie erledigt haben. Die Kinder können ihre Arbeitsblätter in einer Mappe mit selbst gestaltetem Titelbild sammeln.

Die Unterrichtsstunden im Klassenverband können so gegliedert werden, dass jeder freien Arbeitsphase eine Einstimmungsphase vorangestellt wird und nach jeder Arbeitsphase eine Abschlussrunde im Sitzkreis erfolgt. In der Abschlussrunde können Arbeitsergebnisse präsentiert und Angebote besprochen werden.

IDEEN FÜR DEN ANFANGSUNTERRICHT

Rezeption und Erarbeitung des Bilderbuchs im Anfangsunterricht

Da davon auszugehen ist, dass manche Kinder beim Lesen und Schreiben im Anfangsunterricht noch Schwierigkeiten haben, sind folgende Ideen bewusst ohne das Schreiben und Lesen geplant. Die Kopiervorlagen können in Klasse 1 und 2 auch mündlich bearbeitet werden.

Bilddetektive

Eine Aufgabe, die sowohl ein Erinnern an den Inhalt des Gehörten erfordert als auch ein Wiederfinden einzelner Handlungsereignisse auf den verschiedenen Bildseiten notwendig macht, bestünde darin, Quizfragen zum Buch und zu Details in den Illustrationen zu stellen.

Sprachförderung: Begriffsklärungen

Schwierige Begriffe aus dem Buch können mit den Kindern besprochen werden, z.B.:

- »sich räuspern« – Was bedeutet das? Kann das mal einer vormachen oder beschreiben?
- »etwas erwidern« – Was bedeutet das? Findest du andere Wörter dafür?

Szenisches Spiel und Standbilder

Mit ein paar Requisiten (z.B. selbst gebastelte Tiermasken oder Stabpuppen) können die Kinder Teile der Geschichte nachspielen. Besonders eignen sich dazu die Szenen, in denen die Tiere miteinander sprechen. Die Dialoge können von den Kindern nachgespielt und erweitert werden.

Die Kinder können auch Dialoge improvisieren und weiterspinnen. Einfache Standbilder bieten sich ebenfalls an.

Phonologische Bewusstheit unterstützen

Phonologische Bewusstheit ist ein wesentlicher Bestandteil des Spracherwerbs und der Lese- und Schreibfähigkeit von Kindern. Sie umfasst das Verständnis und die Fähigkeit, Sprachlaute (Phoneme) zu erkennen und zu manipulieren. Geschichten bieten eine hervorragende Möglichkeit, die phonologische Bewusstheit zu fördern, da sie Kinder in eine reichhaltige sprachliche Umgebung eintauchen lassen. Hier einige Strategien, wie Geschichten verwendet werden können, um die phonologische Bewusstheit zu unterstützen:

- Reimwörter in Eliots Gedichten identifizieren: Während des Vorlesens können Kinder gebeten werden, Reimwörter in der Geschichte zu erkennen. Zum Beispiel: »Reiher reimt sich auf Eier. Kannst du noch ein Wort finden, das sich auf Reiher reimt?«
- Reimwörter erzeugen: Die Kinder könnten dazu ermutigt werden, eigene Reimwörter zu erfinden, die zu Wörtern in der Geschichte passen.
- Silben klatschen: Während des Lesens können Kinder die Silben von bestimmten Wörtern aus der Geschichte klatschen. Zum Beispiel: »Lass uns das Wort ›Ratte‹ in Silben klatschen: Rat-te.«
- Anlaute erkennen: Kinder können gefragt werden, welche Laute am Anfang bestimmter Wörter stehen. Zum Beispiel: »Welchen Laut hörst du am Anfang von ›Drache‹?«

- Endlaute identifizieren: Ebenso können sie die Endlaute bestimmter Wörter herausfinden. Zum Beispiel: »Welchen Laut hörst du am Ende von ›Isabella‹ oder ›Eliot‹?«
- Lautsubstitution: Kinder können eingeladen werden, Laute in Wörtern zu ersetzen, um neue Wörter zu bilden. Zum Beispiel: »Was passiert, wenn wir den ersten Laut von ›Ratte‹ durch ein ›W‹ ersetzen?«
- Alliterative Sätze: Kinder können gebeten werden, Sätze zu erfinden, in denen möglichst viele Wörter mit dem gleichen Laut beginnen. Zum Beispiel: »Die Köchin kocht köstliche Kürbissuppe.« Bestenfalls mit Wörtern aus dem Buch: »Die schlaue Schlange schlängelt sich in den Schuh.«
- Fragen zur Geschichte: Während des Lesens können Fragen gestellt werden, die die phonologische Bewusstheit fördern. Zum Beispiel: Eliot wird ein bisschen rot im Gesicht. »Welches Wort in diesem Satz klingt ähnlich wie ›Brot‹?«

Weitere praktische Tipps, die die phonologische Bewusstheit fördern, finden sich hier:

- Wiederholtes Vorlesen: Das wiederholte Vorlesen der gleichen Geschichte kann Kindern helfen, vertrauter mit den Lautmustern und Rhythmen der Sprache zu werden.
- Mitmachen erlauben: Kinder aktiv in das Vorlesen einbeziehen, indem sie bestimmte Wörter wiederholen oder mitsprechen.
- Sprachspiele Integrieren: Sprachspiele wie »Ich sehe was, was du nicht siehst, und das beginnt mit …« oder »Kofferpacken« können in die Geschichten integriert werden.
- Pantomime: Viele Begriffe des Buchs könnten von den Kindern vor allem auch pantomimisch umgesetzt werden. Es würden sich hierfür die Verben, Nomen und Adjektive aus dem Erzähltext eignen.

(i) Infoblätter

© Jens Schulze

ZUM AUTOR INGO SIEGNER i.1

Ingo Siegner ist ein deutscher Kinderbuchautor und Illustrator, bekannt vor allem durch seine beliebte Buchreihe über den Kleinen Drachen Kokosnuss. Geboren wurde Siegner 1965 in Hannover. Er wuchs in Großburgwedel, einem Vorort von Hannover, auf und zeigte bereits in jungen Jahren Interesse am Zeichnen und Geschichtenerzählen.

Nach dem Abitur und einer Ausbildung zum Reiseverkehrskaufmann arbeitete Siegner zunächst in diesem Beruf. Parallel dazu begann er, Geschichten zu schreiben und zu illustrieren. Anfangs erzählte er Geschichten nur für Kinder von Freunden und seiner Familie, doch bald erkannte er sein Talent und seine Leidenschaft für die Kinderliteratur.

Die erste Geschichte vom Kleinen Drachen Kokosnuss erschien im Jahr 2002 und machte Siegner bekannt. Die Serie hat seitdem großen Erfolg und umfasst zahlreiche Bände, die in viele Sprachen übersetzt wurden. Die Geschichten drehen sich um den mutigen und neugierigen Drachen Kokosnuss und seine Abenteuer mit Freunden wie dem Stachelschwein Matilda und dem Fressdrachen Oskar. Inzwischen hat er viele weitere Bücher mit Erfolg veröffentlicht. Heute lebt er als Autor und Illustrator in Hannover.

Homepage

https://www.ingosiegner.de/

Auszeichnungen (Auswahl)

2003	Bad Iburger Kinderliteraturpreis Schlossgeschichten
2012	Lesekünstler des Jahres
2012	Paderborner Hase
2020	Heidelberger Leander
2021	Niedersächsischer Verdienstorden

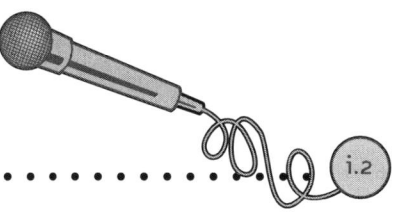

INTERVIEW MIT DEM AUTOR INGO SIEGNER: »EIN HAPPY END GIBT'S BEI MIR IMMER ...« i.2

Ingo Siegner über Ratten, Superkräfte und seine Arbeit als Illustrator und Autor

 Lieber Herr Siegner, mögen Sie Ratten?

Nicht besonders. Ich war damals im Keller auf eine Ratte gestoßen und habe anschließend über Ratten gelesen, dass sie sehr schlau seien und Kulturfolger (also dort leben, wo wir Menschen sind, denn bei uns gibt's meist genug zu essen). So kam ich auf die Idee, eine Geschichte über Rattenkinder zu schreiben. Dabei hatte ich gleich überlegt, dass die Hauptrolle zwar ein Rattenjunge bekommt, aber dass die zweite Hauptfigur, das Rattenmädchen Isabella, mutiger ist und unternehmungslustiger und im Grunde das Abenteuer voranbringt.

Haben Sie ein Lieblingstier? Und wenn ja, welches und warum?

Nein, ich habe kein Lieblingstier. Hm, höchstens ein bisschen die Elefanten oder die Pinguine oder andere Tiere, die soziale Lebensweisen haben, die denen von uns Menschen ähneln (z. B. aufeinander zu achten).

 Welches ist im Buch Ihr Lieblingsbild oder Ihre Lieblingsszene?

Wenn Klaus-Günter aus dem Wasser schießt und Bocky und seine Bande erschreckt gucken. Und den Schlangen-Rap finde ich super.

 Welche ist Ihre Lieblingsfigur?

Eliot (er ist ein bisschen wie ich selbst).

 Der Schluss ist ein Happy End. Hatten Sie auch andere Versionen im Kopf, wie die Geschichte enden könnte? Wenn ja, wie?

Das weiß ich nicht mehr. Oft plane ich eine Geschichte nicht bis zum Schluss durch. Dann entsteht der Schluss während des Schreibens, und ein Happy End gibt's bei mir immer, es soll Spaß machen! (Auch wenn es im wirklichen Leben nicht immer ein Happy End gibt.)

 Viele Ihrer Bücher nehmen Themen auf, die Kinder bewegen: Freundschaft, Mitleid und Hilfsbereitschaft. Muss oder sollte Kinderliteratur für Sie diese Themen aufgreifen?

Ich schreibe, weil ich selbst in ein Abenteuer eintauche, ich erlebe es in Gedanken förmlich mit. Wichtig sind mir dabei Spannung und Humor. Das sind auch die Passagen, die ich am schnellsten schreibe, die machen richtig Spaß. Mit anderen Passagen, zum Beispiel wenn eine Landschaft oder ein Innenraum beschrieben werden muss, tue ich mich hingegen schwer, aber die müssen sein, wenn eine Geschichte stimmig sein soll.

Natürlich stecken trotzdem »Botschaften« in meinen Geschichten. Die HeldInnen meiner Bücher sind i. d. R. offen und neugierig gegenüber Fremden, sie haben Respekt vor anderen, sie lesen gern – all dies gerät mir automatisch in meine Figuren hinein, ohne dass ich mir explizit überlegen müsste, wie eine Figur sein muss, damit die Leserinnen und Leser dieses oder jenes daraus lernen könnten.

Ich denke, dass sorgfältig aufgebaute und geschriebene Geschichten mit Figuren, die der Autorin oder dem Autor am Herzen liegen, Kinder fesseln können, vor allem, wenn sie spannend sind und der Humor nicht zu kurz kommt.

Über das Interesse an der Geschichte kann die Freude am Lesen entstehen. Beim Lesen werden Werte wie von selbst vermittelt. Und wenn ein Buch begeistert, greifen Kinder zum nächsten.

 Eliot und Isabella prägt eine enge Freundschaft. Hatten Sie eine Freundin, als Sie klein waren?

Nein, aber die Idee dafür, wie die beiden miteinander umgehen, basiert auf einer Beziehung, die ich einmal zu einer Freundin hatte. Da war ich so eine Art Eliot, und Isabella trägt Züge von meiner damaligen Freundin.

 Was können Tiere als Protagonisten besser transportieren als Menschen?

Tiere eignen sich gut als sprechende Protagonisten für Geschichten, weil sie viele unterschiedliche Erscheinungsformen und Eigenschaften haben. Tierfabeln sind ein gutes Beispiel dafür.

Tiere können fliegen oder watscheln, tieftauchen oder superschnell rennen. Tiere haben Mäuler, Schnauzen, Rüssel oder Schnäbel. Sie haben Fell, Pelz, Schuppen oder Federn, Hufe, Klauen, Pfoten, Flossen oder Flügel.

Viele Tiere stehen für bestimmte Eigenschaften. Die Eule ist weise, der Fuchs ist schlau, der Bär ist stark usw.

Im Vergleich zum Menschen haben viele Tiere Superkräfte, und wenn sie dann auch noch sprechen können ... kurz: Für Kinderbuchautorinnen und -autoren sind Tiere eine wahre Fundgrube.

 Welche Bilderbücher haben Sie als Kind geprägt? An welche Bücher können Sie sich erinnern?

Ich habe keine konkrete Erinnerung. Als Kind war ich meist bis abends draußen, als »Cowboy« oder »Indianer« (Native Americans), oder wir haben Verstecken oder Fußball gespielt. Nennenswert Bücher habe ich erst als Jugendlicher gelesen, alles Mögliche, von Asterix bis Karl May (sicher noch vieles andere; habe ich vergessen).

Die Kinder meiner Klasse wollten wissen, wo und wann Sie schreiben und zeichnen. Am Computer, in der Küche, am Morgen oder am Abend?

Zuerst sammle ich Ideen. Dann habe ich immer einen Schreibblock und einen Bleistift dabei, sitze mal zuhause, mal in der Bücherei (dort kann ich auch gleich in die Bücher zum Thema schauen), mal im Café oder im Zug (auf Lesereisen). Wenn ich genug Ideen gesammelt und ein Konzept erarbeitet habe, beginne ich zu schreiben. Wenn das erste Kapitel geschrieben ist, übertrage ich alles in den Computer (ein Laptop) und schreibe direkt auf dem Computer weiter, in der Regel vormittags im Sessel, die Beine hoch mit Blick zum Fenster. (Wenn mir gerade nichts einfällt, gucke ich gerne aus dem Fenster; dort sehe ich einen großen Platz, mit Fußballfeld, Basketballkorb, Spielgeräten – da ist immer was los.)

Nach der Mittagspause gehe ich oft spazieren oder einkaufen, dann schreibe ich nochmal zwei Stunden oder so. Oft schreibe ich auch im Urlaub.

Während der Schreibphase arbeite ich aber nicht fünfmal die Woche mehrere Stunden am Text. Ich schreibe nur, wenn ich richtig Lust darauf habe, also »inspiriert« bin. Manchmal ist das nur eine Stunde am Tag, manchmal sind es vier, selten mehr. Daneben habe ich ja noch viele andere Dinge zu tun (Mails und Fanpost beantworten, Buchhaltung, Lesungen, Wäsche waschen, Einkaufen, Kochen, Rad reparieren usw.).

Anders ist es beim Illustrieren. Das ist für mich eher ein Handwerk: Zu dem Text zeichne und koloriere ich die Bilder. Wegen der technischen Anforderungen (z.B. Licht, Pinsel, Farben, Papier, verstellbarer Schreibtisch, Schalen für Wasser, Mischpaletten) fertige ich die Illustrationen stets zuhause in meinem Arbeitszimmer an. Dann arbeite ich meist über den Tag verteilt viele Stunden (ungefähr 7.30–9 Uhr, 10–13 Uhr, 16–20 Uhr), einige Wochen lang. Dabei höre ich oft Hörbücher oder Radio (das geht beim Schreiben nicht).

Sie haben zahlreiche Bilderbücher für Kinder geschrieben und illustriert. Könnten Sie sich vorstellen, auch für Erwachsene zu schreiben und zu zeichnen?

Vielleicht werde ich das einmal versuchen, aber ich weiß nicht, ob ich es gut kann. Darin habe ich keine Übung. Und ich würde damit auch nur anfangen, wenn ich eine gute Idee hätte und der Moment käme, in dem ich mir sage: »Darüber will ich jetzt unbedingt schreiben!«

An welchen Projekten arbeiten Sie zurzeit? Worauf dürfen wir uns freuen?

Zurzeit arbeite ich an einer Geschichte über ein etwas übergewichtiges Erdmännchen, das dem Fuchs nur knapp entwischt ist und nun an einem Trainingsprogramm teilnimmt, um schneller und beweglicher zu werden. Das Buch schreibe ich in Zusammenarbeit mit der Medizinischen Hochschule Hannover. Es soll für ein Bewegungsprogramm an Grundschulen eingesetzt werden (und wird nicht im Handel erhältlich sein).

In Planung ist ein neues Buch mit dem Kleinen Drachen Kokosnuss. Ein neues Abenteuer mit Eliot und Isabella wird es auch geben, es wird der siebte Band (er wird aber nicht mehr dieses und auch noch nicht im nächsten Jahr erscheinen, ich fange ja gerade erst mit dem Ideensammeln an).

Vielen Dank, Herr Siegner!

Interview: Anja Schirmer (Juli 2024)

Lesezeichen und Zeilometer

Gemeinsam durch die ersten Lesejahre

Ingo Siegner

Eliot und Isabella

und die Tiere am Fluss

super lesbar
www.superlesbar.de

GULLIVER

Dieses Lesezeichen ist eine Hilfe, um einzelne Textstellen zu finden oder damit du dich mit deinen Mitschülerinnen und Mitschülern über bestimmte Textstellen unterhalten kannst. Lege dazu einfach das Zeilometer an den oberen Buchrand. Die Zahlen sind dann die jeweiligen Zeilen. Besonders schön wird dein Lesezeichen, wenn du es auf Pappe klebst und bunt anmalst.

Eliot und Isabella

1. Was gibt es auf dem Bucheinband zu entdecken? Ordne die Wortkärtchen zu.

Autor/ Illustrator

Klappentext

Titelbild

Verlag

Titel des Buchs

2. Im Wörterrätsel sind sieben Wörter versteckt, die auf dem Cover als Bild und als Wörter auf der Rückseite zu entdecken sind.

a) Finde die Wörter und male sie an.

b) Schreibe sie in dein Heft.

c) Schreibe mit jedem Wort einen Satz in dein Heft.

A	M	F	N	I	L	K	S	O	L	X
F	G	R	Z	E	L	I	O	T	Ö	B
N	W	T	I	E	R	N	C	D	F	G
S	X	V	Y	S	I	E	G	N	E	R
Ä	F	L	U	S	S	C	V	B	M	N
O	I	S	A	B	E	L	L	A	N	W
Y	I	N	G	O	C	V	B	M	N	B

3. *Profiaufgabe:** Der Titel des Buchs verrät dir schon etwas über die Geschichte.

a) Hast du eine Idee, welcher Titel noch passen könnte?
Erfinde einen Titel und schreibe ihn auf die Rückseite des Arbeitsblattes.

b) Wie könnte das passende Titelbild dazu aussehen?
Erfinde ein neues und male es auf die Rückseite des Arbeitsblattes.

Lösung zu Aufgabe 2: Eliot, Isabella, Tier, Siegner, Fluss, Ingo, am

Der große Regen

 1. Welche Wörter fehlen?
Ergänze die Lücken mit den passenden Wörtern aus dem Kasten.

Diese Geschichte beginnt an einem _____ .

Unendlich viele dicke _____ prasseln auf die Dächer der

_____ .

Auch auf den _____ , wo Eliot mit seinen Eltern wohnt.

Eliot ist ein kleiner _____ . Er sitzt gerade gemütlich im Sessel

und tut das, was er am liebsten tut: _____ .

> Regenschirm · Regentag · Tropfen ·
> Stadt · Rathausturm · Rattenjunge ·
> lesen · schwimmen

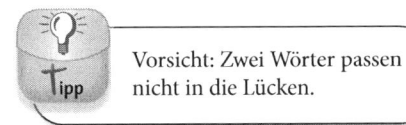

Vorsicht: Zwei Wörter passen
nicht in die Lücken.

 2. Was machst du, wenn es regnet, besonders gern?

 a) Tausche dich mit einem Partnerkind aus.

* b) **Profiaufgabe:** Male oder schreibe es in dein Heft.

 c) Eliot wird von einer riesigen Wasserwelle mitgerissen.
Was erlebt er auf seinem „Floß"?
Male hier ein Bild dazu und schreibe es in dein Heft.

 3. * **Profiaufgabe:** Eliot möchte auf keinen Fall auf dem Land wohnen.
Warum könnte eine Ratte lieber in der Stadt wohnen wollen?
Tauscht euch zu zweit darüber aus.

Isabella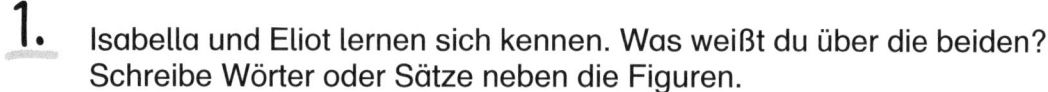

1. Isabella und Eliot lernen sich kennen. Was weißt du über die beiden?
   Schreibe Wörter oder Sätze neben die Figuren.

2. Isabella veräppelt Eliot immer ein wenig. Wie macht sie das?
   Tauscht euch zu zweit darüber aus.

3. *Profiaufgabe: Hast du auch schon einmal jemanden veräppelt?
   Erzähle deinen Mitschülerinnen und Mitschülern davon.

4. Isabella wohnt im Wurzelwerk einer alten Eiche.

   a) Schreibe Wörter oder Sätze in dein Heft, die zum Bild passen.

   >  **Tipp** Wenn du Hilfe und Ideen brauchst, schau im Wortspeicher nach.
   > Beispiel: *In der Wohnung steht ein Schaukelstuhl.*

   > Ofen · Stuhl · Buch · Regal · Blume ·
   > Vase · Bild · Wurzeln · Schaukelstuhl · Teppich ·
   > Wurm · Maulwurf · Löcher

   b) Lies einem anderen Kind deine Sätze vor.

5. *Profiaufgabe:

   a) Beschreibe einem anderen Kind dein Zuhause.

   b) Male dein Zuhause auf die Rückseite des Arbeitsblattes.

»Eliot und Isabella – und die Tiere am Fluss« im Unterricht © Beltz Verlag · Weinheim und Basel

„Eier vom Reiher"

1. Eliot dichtet ein Sommergedicht für den Reiher. Setze die fehlenden Reime ein.

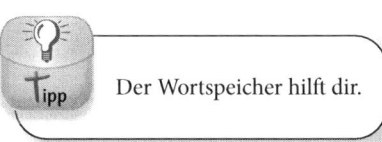 *Tipp* Der Wortspeicher hilft dir.

Die Sonne strahlt in jedes Eckchen,

sie wärmt die Maus, die Laus, das _____,

das Reh, den Hasen und die Füchse,

sogar die Erbsen in der _____.

Sowieso wärmt sie den Reiher,

samt Reihernest und Reiher-_____.

Das Krokodil, das wärmt sie auch,

genauso wie Herrn Müllers _____.

Ach, wenn die Sonne gar nicht _____,

wär die Welt viel kälterer!

> **Wortspeicher:**
> Schneckchen
> Büchse
> Eier
> Bauch
> wär

2. Schreibe Sommerwörter-Reime auf. Das geht so:

Sonne	Meer	Eis
Tonne	leer	heiß

_____ _____ _____

_____ _____ _____

3. Eliot schreibt seinen Eltern einen Brief. Überlege, was du deinen Eltern schreiben würdest, wenn du in seiner Lage wärst. Schreibe den Brief an deine Eltern in dein Heft.

Wenn dir nichts einfällt, kannst du auch den Brief von Eliot abschreiben.

4. Eliots Eltern vermissen Eliot. Auch sie schreiben einen Brief. Schreibe den Brief der Eltern an Eliot ebenfalls in dein Heft.

5. *Profiaufgabe: Schreibe ein Sommer-Gedicht. Versuche, es so zu schreiben, dass sich die Wörter am Ende reimen.

Oskar die Waldmaus

 1. Eliot dichtet für die Waldmaus. Male die Reime in der gleichen Farbe an.

scheinen	Ratte	verlieren	Hut
Haus	Sack	weinen	Pack
Mut	Maus	Watte	passieren

 2. Eliot singt auch für die Waldmaus. Verbinde die Satzhälften. Unterstreiche die Reimwörter mit einem roten Stift.

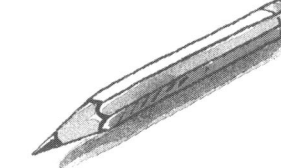

Sitzt 'ne Maus im Sommerstroh, ●	● und sitz ganz froh im Sommerstroh.
kommt dahergehüpft ein Floh, ●	● ich bin der kleine Cicero.
Darauf der Floh: Hallihallo, ●	● ganz fürchterlich mit seinem Po.
Und ich, ich bin das Mauskind Mo ●	● Ich glaub, ich muss wohl mal auf Klo,
Da plötzlich wackelt Cicero ●	● ist gut drauf und auch recht froh;
Was hast du denn?, ruft da die Mo. ●	● sagt die Maus: Ein Floh, oho!
sagt Cicero und hüpft ins Stroh!	

 3. Die Waldmaus freut sich so sehr über das Lied, dass sie nicht mehr traurig ist. Kennst du Lieder, die dich glücklich machen? Oder traurig? Tauscht euch zu zweit darüber aus.

 4. Eliot möchte der Waldmaus helfen. Hast du schon einmal jemandem geholfen? Wobei? Male es in dein Heft.

 5. * **Profiaufgabe:**

 a) Was weißt du über Oskar und über Klaus-Günter? Tauscht euch zu zweit darüber aus.

 b) Malt nun Oskar und Klaus-Günter in eure Hefte. Schreibt, was ihr über die beiden wisst, drumherum.

»Eliot und Isabella – und die Tiere am Fluss« im Unterricht © Beltz Verlag · Weinheim und Basel

k.7

Klaus-Günter die Schlange

1. Lies dir die Seiten 40 und 41 noch einmal durch.
Kreuze die richtigen Aussagen an.

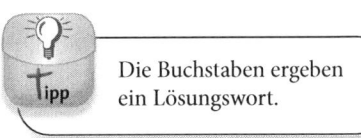
Tipp Die Buchstaben ergeben ein Lösungswort.

	richtig	falsch
Eliot hat Angst vor Klaus-Günter.	☐ K	☐ L
Schlangen sind das Schlimmste, was einer Ratte passieren kann.	☐ A	☐ N
Die Schlange spielt mit einem Ball.	☐ E	☐ R
Isabella ist nicht dabei.	☐ G	☐ T
Daneben sitzen noch zwei Maulwürfe.	☐ E	☐ F
Sie spielen Doppelkopf.	☐ N	☐ U

Lösungswort:

1	2	3	4	5	6

2. Wer sagt hier was? Ordne die Sprechblasen den Figuren zu.

Und jetzt wollen wir die Vorräte zurückholen, am besten mit eurer Hilfe, vor allem mit der Hilfe von Klaus-Günter.

Aber eigentlich gibt es einen anderen Grund.

Die Wintervorräte sind weg.

Was???!!!

Geklaut von einer bösen Rattenbande.

3. * **Profiaufgabe:** Eliot spricht einen Rap für Klaus-Günter.

Schreibe den Rap in dein Heft. Unterstreiche die Reimwörter.
Versuche, den Rap weiterzudichten.

Das Fluss-Ungeheuer

1. Die Freunde verkleiden Klaus-Günter als Ungeheuer und wollen die Bande überlisten.

Bringe die Satzstreifen in die richtige Reihenfolge und nummeriere sie.

1 Die Freunde suchen sich ein Versteck.

( ) Bocky Bockwurst will Eliot angreifen.

( ) Klaus-Günter taucht ab.

( ) Die Rattenbande rennt vor Angst davon.

( ) Eliot, Isabella, Oskar und die Maulwürfe schippern zu der Rattenbande.

( ) Sie verkleiden Klaus-Günter.

( ) Die Freunde holen sich die geklauten Vorräte zurück.

( ) Klaus-Günter soll die Bande als See-Ungeheuer erschrecken.

( ) Eliot fordert Bocky Bockwurst heraus.

( ) Plötzlich steigt Klaus-Günter aus dem Wasser auf.

2. Isabella begleitet Eliot auf seiner Rückreise. Zusammen fühlen sie sich stärker.

a) Kennst du dieses Gefühl? Wann hattest du es schon einmal? Tausche dich mit einem Kind darüber aus und erzähle.

b) Male ein Bild dazu.

3. *Profiaufgabe:** Die Freunde besiegen gemeinsam die Rattenbande.

a) Male und schreibe die Geschichte anders weiter. Was könnte passieren?

b) Erzähle deine Geschichte einem Partnerkind. Deine Notizen und Bilder können dir dabei helfen.

Ein Eliot-und-Isabella-Abc

1. Fülle das Abc aus. Wähle nur Wörter, die im Buch vorkommen.

A _____ M _____

B _____ N _____

C _____ O _____

D _____ P _____

E _____ R _____

F _____ S _____

G _____ T _____

H _____ U _____

I _____ V _____

J _____ W _____

K _____ Z _____

L _____

2. Schreibe deine Lieblingswörter in dein Heft.

3. *Profiaufgabe:** Schreibe ein Akrostichon mit einem der folgenden Wörter in dein Heft:
- Freunde
- Angst
- Mut
- Zusammenhalt
- Freundschaft
- Maus
- Schlange
- Ratte

Info

AKROSTICHON (Mehrzahl: Akrostichen oder Akrosticha)

Die Buchstaben eines Wortes werden senkrecht untereinandergeschrieben. Jeder Buchstabe bildet dann den Anfang eines Wortes oder Satzes, passend zum Wort.

„Okay, ich komme mit"

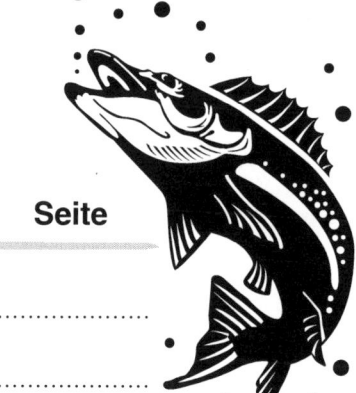

1. Finde im Buch das Bild, zu dem die Beschreibung passt.

Schreibe auf, auf welcher Seite du es gefunden hast.

	Seite
Auf dem Bild sieht man ein Bücherregal.	
Auf dem Bild sieht man ein Schild, auf dem „Wald-Postamt" steht.	
Auf dem Bild sieht man viele Tränen.	
Auf dem Bild sieht man einen Sonnenschirm.	
Auf dem Bild sieht man eine Fischdose und eine rote Brille.	
Auf dem Bild sieht man einen springenden Fisch.	
Auf dem Bild sieht man Eliot und Isabella Rücken an Rücken.	
Auf dem Bild sieht man ein Buch mit einem Rattenbild.	

 2. Denke dir weitere Bilderrätsel aus. Die anderen Kinder müssen sie dann lösen.

 3. Welches Bild gefällt dir im Buch am besten? Male es auf ein Blatt.

 4. Welche Stelle im Buch gefällt dir besonders gut? Schreibe die Seitenzahl auf. Begründe, warum du sie ausgesucht hast.

Beispiel: *Mir gefällt die Stelle gut, weil …*

_____

 5. Welche Stelle gefällt dir nicht so gut? Schreibe die Seitenzahl auf. Begründe, warum du die Stelle ausgesucht hast.

Beispiel: *Mir gefällt diese Stelle nicht so gut, weil …*

_____

 6. *Profiaufgabe:** Stellt euch gegenseitig Rätsel zum Inhalt des Buchs. Ein Kind beschreibt eine Szene, die Klasse muss sie erraten.

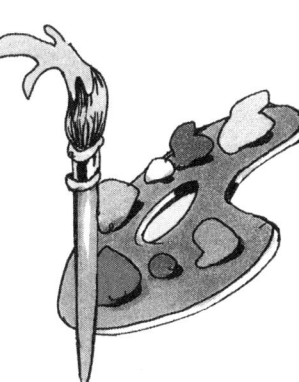

Stabpuppenspiel

1. Male die Figuren hier auf: Eliot, Isabella, Klaus-Günter die Schlange, Oskar die Waldmaus, die beiden Maulwürfe, Bocky Bockwurst.

Schneide sie anschließend aus.

2. Klebe die Figuren nun auf einen Spieß. Stecke das andere Ende des Spießes in eine kleine Knetkugel. Drücke die Knetkugel auf dem Tisch an, sodass die Figur stehen kann.

3. Jetzt kannst du mit anderen Kindern die Geschichte nachspielen.

> **Impulse für das Stabpuppenspiel:**
>
> - Welchen Tieren könnte Eliot noch im Wald begegnen?
>   Was erleben sie gemeinsam?
>
> - Eliot und Isabella machen sich gemeinsam auf den Weg in die Stadt und müssen weitere Abenteuer bestehen.
>   Wie könnte die Geschichte weitergehen?

Einen Comic gestalten /
Eine Szene spielen

1. Zeichne einen Comic zum Buch.

Um einen Comic zu zeichnen, musst du bestimmte Dinge beachten:

a) Entscheide dich, ob du deinen Comic allein oder mit einem Partnerkind herstellen möchtest.

b) Überlege, wie du die Erzählung als Comic umsetzen möchtest.

c) Entscheide, wie viele Bilder du brauchst.

d) Zeichne die Bilder am besten auf ein DIN-A5-Blatt. Wenn es nötig ist, kannst du die einzelnen Bildseiten am Ende noch verkleinern.

e) Klebe die Bilder nun in der richtigen Reihenfolge auf ein Plakat. Verkleinert kann man daraus dann ein Heft machen.

f) Präsentiere deinen Comic deinen Mitschülerinnen und Mitschülern. Besprecht, was besonders gut gelungen ist.

2. Stellt in Gruppen eine Szene aus dem Buch dar.

a) Schaut euch die Szene im Buch mit eurer Gruppe noch einmal gemeinsam an und lest euch den Text durch. Am besten gleich mit verteilten Rollen.

b) Besprecht danach, was in der Szene, die ihr spielt, passiert und welche Gedanken und Gefühle die Figuren haben.

c) Welche Figuren müssen bei eurem Rollenspiel dabei sein? Bestimmt einen Regisseur. Er kann den Schauspielern beim Sprechen der Dialoge helfen.

d) Verteilt die Rollen in eurer Gruppe und übt das Rollenspiel. Sprecht frei, betont und ausdrucksstark.

e) Schreibt euch auf Spickzettel, was die einzelnen Figuren sagen.

f) Tragt das Rollenspiel dann eurer Klasse vor. Vergleicht die Darbietungen. Was ist jeder Gruppe besonders gut gelungen?

3. Stellt euch gegenseitig Rätsel zum Inhalt und zu den Figuren des Buchs. Ein Kind beschreibt eine Figur oder eine Szene. Die Klasse muss sie finden und erraten.

„Sitzt 'ne Maus im Sommerstroh…"

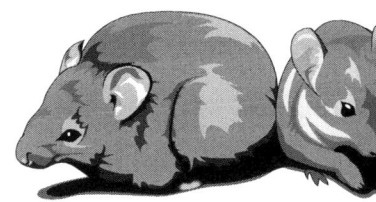

 1. Schreibe die zusammengesetzten Nomen auf.

Beispiel: *die Sonne + die Strahlen = die Sonnenstrahlen*

der Regen	+	der Tag	=	_____
das Rathaus	+	der Turm	=	_____
die Ratte	+ n +	der Junge	=	_____
die Ratte	+ n +	die Bande	=	_____
der Turm	+	die Treppe	=	_____
die Ratte	+ n +	das Mädchen	=	_____
das Wasser	+	die Welle	=	_____
die Praline	+ n +	die Schachtel	=	_____
der Markt	+	der Platz	=	_____
das Land	+	die Ratte	=	_____
die Stadt	+	die Ratte	=	_____
das Gedicht	+	der Band	=	_____
der Fluss	+	das Krokodil	=	_____
der Wald	+	die Maus	=	_____
der Sommer	+	das Stroh	=	_____
der Winter	+	die Vorräte	=	_____

 2. *Profiaufgabe:* Schreibe auf, was die Nomen bedeuten.
Schreibe so in dein Heft: *Das Sonnenlicht ist das Licht, das die Sonne abgibt.*

„Zum Beispiel Straßenbahnen"

1. Zusammengesetzte Nomen: Welche Wörter ergeben zusammen
ein neues Nomen? Schreibe sie in dein Heft und male dazu.

das Essen	die Zunge	die Zeit	die Taube
der Reiher	der Wurf	der Hüpfer	das Buch
der Fluss	der Sommer	das Gras	das Ei
der Reiher	der Geruch	das Frühstück	die Wurzel
der Flug	der Halm	der Brief	das Maul
die Höhle	das Tier	die Bahn	das Nest
die Straße	das Werk	das Gedicht	das Ei
die Wurzel	die Schlange	das Gras	das Ungeheuer

ACHTUNG: Manchmal musst du ein Fugen-s oder Fugen-n ergänzen!

2. Finde im Buch noch mehr zusammengesetzte Wörter und schreibe sie in dein
Heft. Du kannst auch dazu malen.

3. * **Profiaufgabe:** Findest du zusammengesetzte Nomen zu den Wörtern?
Schreibe sie in dein Heft.

Meer	Regen	Luft	Welt	Leben

Feedback-Bogen (1)

Du kennst das Buch „Eliot und Isabella und die Tiere am Fluss" nun sehr genau. Jetzt sollst du deine Meinung dazu sagen.

1. Welche Figur aus dem Roman fandest du sympathisch? Welche nicht so? Trage Zahlen ein. Die 1 bekommt die Figur, die du am sympathischsten fandest. Die 6 bekommt die Figur, die du am unsympathischsten fandest.

☐ Eliot   ☐ Bocky Bockwurst   ☐ Oskar die Waldmaus

☐ Isabella   ☐ der Graureiher   ☐ Klaus-Günter die Schlange

2. Welche Szene fandest du besonders spannend? Male sie hier auf.

3. Gibt es etwas, das dir an dem Buch nicht so gut gefallen hat?

_____

_____

Feedback-Bogen (2)

4. Wenn das Buch verfilmt werden würde, welche Rolle würdest du gerne spielen?

Ich würde gern _____ spielen, weil

_____

_____

5. Jetzt ist dein Urteil gefragt! Kreuze an.

		stimmt	geht so	stimmt nicht
a)	Die Erzählung fand ich witzig.			
b)	Ich kann verstehen, dass Eliot der Waldmaus geholfen hat.			
c)	Ich habe gehofft, dass die Geschichte ein anderes Ende nimmt.			
d)	Mit Eliot würde ich gern mal etwas unternehmen.			
e)	Mir gefällt, dass die Geschichte gut ausgeht.			
f)	Ich fand die Geschichte zu kurz.			

6. Wie fandest du das Buch insgesamt? Kreuze wieder an.

☐ sehr gut   ☐ gut   ☐ geht so   ☐ nicht so gut   ☐ schlecht

Begründe deine Antwort:

_____

_____

Lösungen

 2.

A	M	F	N	I	L	K	S	O	L	X
F	G	R	Z	E	L	I	O	T	Ö	B
N	W	T	I	E	R	N	C	D	F	G
S	X	V	Y	S	I	E	G	N	E	R
Ä	F	L	U	S	S	C	V	B	M	N
O	I	S	A	B	E	L	L	A	N	W
Y	I	N	G	O	C	V	B	M	N	B

 1. Diese Geschichte beginnt an einem **Regentag**. Unendlich viele dicke **Regentropfen** prasseln auf die Dächer der **Stadt**. Auch auf den **Rathausturm**, wo Eliot mit seinen Eltern wohnt. Eliot ist ein kleiner **Rattenjunge**. Er sitzt gerade gemütlich im Sessel und tut das, was er am liebsten tut: **lesen**.

 1. Die Sonne strahlt in jedes Eckchen, sie wärmt die Maus, die Laus, das **Schneck- chen**, das Reh, den Hasen und die Füchse, sogar die Erbsen in der **Büchse**. Sowieso wärmt sie den Reiher, samt Reihernest und Reiher-**Eier**. Das Krokodil, das wärmt sie auch, genauso wie Herrn Müllers **Bauch**. Ach, wenn die Sonne gar nicht **wär**, wär die Welt viel kälterer!

 1. scheinen – weinen; Mut – Hut; Maus – Haus; Ratte – Watte; passieren – verlieren; Sack – Pack

2. Sitzt 'ne Maus im Sommerstroh, ist gut drauf und auch recht froh; kommt dahergehüpft ein Floh, sagt die Maus: Ein Floh, oho! Darauf der Floh: Hallihallo, ich bin der kleine Cicero. Und ich, ich bin das Mauskind Mo und sitz ganz froh im Sommerstroh. Da plötzlich wackelt Cicero ganz fürchterlich mit seinem Po. Was hast du denn?, ruft da die Mo. Ich glaub ich muss wohl mal auf Klo, sagt Cicero und hüpft ins Stroh!

 1. **richtig:** Eliot hat Angst vor Klaus-Günter. Schlangen sind das Schlimmste, was einer Ratte passieren kann. Daneben sitzen noch zwei Maulwürfe. Sie spielen Doppelkopf. **falsch:** Die Schlange spielt mit einem Ball. Isabella ist nicht dabei. LÖSUNGSWORT: Karten

2. »Aber eigentlich gibt es einen anderen Grund.« – Eliot »Die Wintervorräte sind weg.« – Oskar »Was???!!!« – Klaus-Günter, Isabella und die Maulwürfe »Geklaut von einer bösen Rattenbande.« – Eliot »Und jetzt wollen wir die Vorräte zurückholen, am besten mit eurer Hilfe, vor allem mit der Hilfe von Klaus-Günter.« – Eliot

 1. Die Freunde suchen sich ein Versteck. Sie verkleiden Klaus-Günter. Klaus-Günter soll die Bande als See-Unge- heuer erschrecken. Klaus-Günter taucht ab. Eliot, Isabella, Oskar und die Maulwürfe schippern zu der Rattenbande. Eliot fordert Bocky Bockwurst heraus. Bocky Bockwurst will Eliot angreifen. Plötzlich steigt Klaus-Günter aus dem Wasser auf. Die Rattenbande rennt vor Angst davon. Die Freunde holen sich die geklauten Vorräte zurück.

 1. Auf dem Bild sieht man ein Bücherregal – Seite 17 Auf dem Bild sieht man ein Schild, auf dem »Wald-Postamt« steht. – Seite 30 Auf dem Bild sieht man viele Tränen. – Seite 35 Auf dem Bild sieht man einen Sonnenschirm. – Seite 41 Auf dem Bild sieht man eine Fischdose und eine rote Brille. – Seite 45 Auf dem Bild sieht man einen springenden Fisch. – Seite 54 Auf dem Bild sieht man Eliot und Isabella Rücken an Rücken. – Seite 57 Auf dem Bild sieht man ein Buch mit einem Rattenbild. – Seite 6